한라, 은하에 걸리어

현대시조 100인선

077

한라, 은하에 걸리어

이애자 시집

고요아침

■시인의 말

　눈 털고 비 닦고 해 가리고 바람 막던 할머니의 광목수건. 머리에 질끈 동여 잠시 난간에 걸쳤다 가신 흰고집이 '툭' 떨어진다. "홍, 홍, 더 세게," 매운 손끝에서 피어나는 백동백. 하얀 송이에 누렇게 앉은 코딱지마저 그리움이다.

2017년 10월
이애자

■ 차례

시인의 말　　　　　　　　　　　　　　05

제1부

제주 동백　　　　　　　　　　　　　13
하현달 1　　　　　　　　　　　　　14
하현달 2　　　　　　　　　　　　　15
활　　　　　　　　　　　　　　　　16
고드름　　　　　　　　　　　　　　17
가오리연　　　　　　　　　　　　　18
거미　　　　　　　　　　　　　　　19
멸치　　　　　　　　　　　　　　　20
한라의 띠풀　　　　　　　　　　　　22
순비기 겨울나기　　　　　　　　　　24

제2부

오래된 계단	27
모슬포의 봄	28
냉이꽃	30
시월	31
마늘 까기	32
우수 무렵	33
겨울 멀구슬	34
미역	36
무화과의 가을	37
닥터피쉬	38
제주 물고구마	39
억새꽃 봄	40
손난로	41

제3부

시간외	45
개양귀비	46
갯메꽃	47
분꽃	48
귤껍질을 벗기며	49
정육점을 지나다	50
개미	51
외도	52
강아지풀	53
영하권	54
장마	55

제4부

모슬봉 길	59
겨울, 모슬포	60
09, 1월 알드르	61
모슬포 1	62
모슬포 2	63
모슬포 3	64
사월의 노래	65
불꽃놀이	66
송악산 염소 똥	68
모슬포 칠월칠석	70
시린 꽃	72
새순	74

제5부

별	77
그리운 별	78
동한두기	79
정드르	80
정드르	81
할망바당	82
목련꽃 피면	83
땅꽃	84
반달	85
어머니의 신호등	86
비구성	87
손바닥 선인장	88
■ 자전적 시론_고단한 삶에서 나는 자리젓 냄새	89

1부

제주 동백

울컥 내뱉곤 활짝
뒤끝은 없었다만

'툭'
떨어져
밑구멍 닦을 것도 없었다만

"게메에"
그 한 마디면
붉힐 일도 없었다만

하현달 1

새벽일 안했으면 새벽의 참을 알까
달과 바퀴 사이 은빛 벨트 끼우고
하늘의 동력으로 가는 청소부의 하루를

길 없는 길 쓸다보면 길 없는 길은 없네
거리청소 마치고
언 몸 녹이려는데
달달달
바람 빠진 달
그대로 엉겨 있네

밤낮이 낮밤으로
옮아가는 그 간극
노글노글 잠의 허기에 되레 말똥해지네
어둠의 압은 압으로 암막커튼을 내리네

달달달
성근 하늘 용케 건너와선
하얗게 소진된 달의 안쪽으로
궤도에 정직한 노동
빛나는 온 것이 보이네

하현달 2

세상 속으로 구멍 반쯤 뚫고
별빛달빛 드리워

떡밥 같은 눈발 흩뿌리는 하늘이

덥석 문
날 놓아줄 때까지
잔챙인 줄
몰랐네

활

사는 게 왜 이렇게 팽팽해야 하는가
연습은 실전처럼 실전은 연습처럼
열두 달 돌려막기로 삶을 조율 하는 나

기본에 충실하라고 어깨 힘을 빼라고
한겨울 매운 선율에 귀를 열어 두라고
부르르 삭정이 끝을 긋고 가는 모슬포바람

고드름

초특가
세일처럼
눈이 밤새 쌓이고

체감온도 영하
설 무렵 내 주머니 속

뽀드득
겨울을 씹는
송곳니가
시리다

가오리연

백지장 얇은 귀에 누가 또 바람 잡나
붕 뜨면 만고강산 부는 대로 휘젓다
제풀에 넙죽 엎디어 면죄부를 청하다

한 꺼풀 벗겨보면 거기서 거기라지
산전수전 공중전 외줄인생 허깨비 쫓다
뒤늦게 모서리 하나 살 속 깊이 새기다

홀아비 핑그르르 끈 떨어진 생이라니
나무는 길처럼 길은 나무처럼 누운
삼거리 늙은 팽나무에 망부의 흰 그림자

겨울비 거슬러 올라 은하수 건너간다
씨줄로 빌던 소원 눈감아 이루시라
비 개자 혼인 옷 입은 무지개가 떠 있다

거미

생의 마지막에 가서야 덫에서 풀린
팔월, 아침햇살 소리 없는 난사에
집요히 살 뿐인 우산
허공에다
펴 놓은 채

아들 셋 딸 다섯은 고혈압 수치셨다
산입에 풀칠 바빠 바늘 끝 세우시던
아버지 빛나는 투망
죽어 저렇게
깁고 있다

멸치

한 폭 가슴에
온기마저 흘러내려
별 하나 담지 못한
하루 벌어 하루 사는
외삼촌 술상머리에
친구처럼
앉아서

은도금 다 벗겨진
새벽별이 지고 있다
하루 품 팔고 사는
인력시장 끝물쯤
국밥집 비릿한 지폐
바짝바짝
마르고

힘없어 이름조차
멸시 당한 작은 것들
세상사 마른 것은
마른 것 끼리

달동네 뼈저린 일들

또 한 소망

우려낸다

한라의 띠풀

봐라
활시위 풀고
살아나는 능선을
결과 결이 닿아
한데 엉겨 쓰러지나니
초여름 앞섶을 푸는
저 바람 믿지마라

기러기 같은 쟁기
몸통 속을 돌고나와
가닥가닥 꼬인 줄
초가의 바람을 엮던
손 굵은 아비의 아비
몰테우리
후손이
가슴에 불이 일면
푸른 갈기 죄다 태워
한라산 밑자락에 다시 와 터를 지키는
섬사람 곧은 심지가
유월들판을
밝혔나니

봐라
풀기가 가시지 않은 뻘기 꽃
먹물 밴 하늘아래
붓끝이 흔들린다
때로는
바람에 맞서
종서를 고집하나니

섬모의 촉만으로도
바람을 읽었나니
순순히 등을 내줘
골백번 더 흔들렸을
휘어진 여린 풀잎의
감춘 날을 보았나니

꺾이지 마라
휘둘리지도 마라
짓밟혀 내린 뿌리 다지고 다져져
하나로 띠를 이루어
이 섬을 지켰나니

순비기 겨울나기

뻗으면 사돈의 팔촌 섬 하나가 한가진 게라
광풍에 줄줄이 간 사월 그 제삿날에도
할머니 조촐한 메밥 촛불 홀로 사위더라

"호-오이" 눈발에 갇힌 겨울밤이 아득해
열길 뼛속 깊숙이 묻어 둔 이승의 상소
살아서 까만 사리로 백팔번뇌 헤더라

내 병은 내가 안다, 막창에 꼬인 생을
송악산 '몰 죽은 목' 무쇠바람 받아내던
휘도록 앓던 가지도 모진 맥이 잡히더라

굴절된 시간들도 수평으로 흐르더라
빗금에 몰아친 흔적 빗금으로 되지우며
살 붙인 모래 둔덕에 내린 생이 길더라

2부

오래된 계단

고화질 햇살 앞에 명암이 엇갈린다
결결이 만능공구 손때 묻은 난간에는
아버지 수액이 흐르던 푸른 날도 있었을

저 하나 바라보는 식솔들의 눈빛에
몸으로 버틴 생애가 예각으로 기울고
답 없는 가을 그 길로 폐색 짙어 가더란

뒤늦은 시간에 와 붉은 주단을 펴는 낙엽
독주에 목마르던 하늬바람 뒤꿈치로
식물성 신음소리가 삐걱삐걱 밟히더라는

모슬포의 봄

그러려니 그러려니
혼잣말 타박처럼
또 한 차례 똥값시세
된서리를 맞고도
감자밭 비닐물결이
만조를 이루는
봄

강진댁 음담패설
깔깔깔
숨넘어가네
서리 낀 삼월들녘
배추 속 같은 햇살
화산토 오금이 저린
얼굴들을
확 펴네

톳나물 오돌오돌
살짝 데쳐 놓으면
앉은뱅이 밥상 위로
파릇파릇 오르는
초무침 모슬포바다
입 안 가득
출렁이네

냉이꽃

실핏줄
세우는 일
이 봄 역시
힘겹다

돌소금만
휘 뿌려도
입이 달던
그 손맛

어머니
사월고개가
아슴아슴
그리워

시월

핑 도네
오만설움
가을 끝을 적실 줄…

순순히 등을 내민 풀꽃들을 밟고 와

밤이면
가슴 후비는
내 창가에
바람
소리

마늘 까기

내 아우 콧물눈물
헝겊인형 옹색 같은
통통 분 햇마늘은
어머니 발가락이었네
해질녘 이랑에 앉아
황토 빛에
물들 던

팔남매 올망졸망
접에 끼듯 살아서
때 묻은 시간 잠시
껍데기를 벗겨내니
제 핏줄 아린 맛이야
속살 깊이
박힌 걸

우수 무렵

삭혀서
맑아지는
그 나이 언제쯤일까

메주를 씻다가
손끝에 만져지는

어머니
한겨울 같은
뒤꿈치가
서럽다

겨울 멀구슬

곶감 같은 겨울 해가
실눈에 걸린 오후
구십 평생 가가호호
꿰듯 산 풍경 속으로
저승 길 요령소리가
딸랑딸랑
들린다며

푸른 저 보자기 속
하늘이 궁금한지
침침한 눈 비비며
안경알 닦던 손목
금도금 자석팔찌가
생의 빛을
잃어가네

조랑말 따라 나서던
연자주 열일곱 살

곱지 않은 곁가지로
온 식솔 그늘이 되어
먼저 간 지아비 앞에
이제 손을
내미네

미역

달빛 다 흡혈을 끝낸
그믐밤 어둠 같은

암갈색 인조머리에
비누질하는 바다

눈물 밴 대머리 인어
한숨소리
들리어

태胎 묻힌 바다에
소금 같은 세월 살아

알맞게 간이 들 듯
편한 날이 있었을까

어제 뵌 어머니 얼굴
퉁 퉁
불어있었다

무화과의 가을

쉽사리 판독 되지 않는 멍울들이 잡히고
어머니 백팔번뇌 까닭 없이 지는 저녁
때 이른 보일러소리 목젖까지 뜨겁다

햇살이 짧아질수록 기도가 길어진다
앉은 채 체위를 바꿔 또 다시 손을 모으는
칠순의 어깨너머에 낯빛도 슬픈 가을

숨 죽여 앓는 소리 하늘 귀에 닿았는지
서둘러 청심환 같은 열나흘 달이 떠
바람 든 무명 뼈 위로 은박지를 풀고 있다

닥터피쉬

노을 녘
동생네
고층아파트에
닻을 내리고

편찮으신 노모가 좋아하는 화투놀이

딸 다섯 빙 둘러앉아

"하하하하
호호호"

제주 물고구마

비양도 차귀도 가파도 마라도 범섬 섶섬
파도가 파먹은 섬들
소들소들 마르면
토박이 점액질 같은
물 많은 정
그리워

오누이 여덟, 젖줄 하나에 매달려
흙 쪼아먹고 똥 문데기멍
업게 없이도 잘 크더라는
어머니 안으로 삭혀
폴삭 익은
가슴팍

억새꽃 봄

가랑가랑 가랑이 사이
찔끔찔끔 내리는 비

누적강수 1밀리에도
봄날은 축축하네

자꾸만 요실금 같은
가랑비에 손사래 치네

손난로

어머니 겨드랑이에서
꺼내주던 따뜻한 손

핫팩 포장제 풀며
옛 추억도 풀자 "맞다 맞다"

남편의
노란 눈빛이
보온으로
작동된다

3부

시간외

초가을 풀벌레들 교대 없는 25시

또록또록 또로록 또록또록 또로록

아직도 이 나라 경제는 작은 것들의 밤샘이다

개양귀비

꽃 앞에 흔들리지 않는 건 없어

흔들고,
흔들리고 싶은,
바람의 바람처럼

주홍의 금기를 깨고
살비비고
싶다
아!

갯메꽃

날달걀 같은 달
울혈 문지르는 밤

슬머시 빠져나와
손나팔을 불곤 해

수평선 검푸른 입술
독기마저
풀곤 해

살아도 꼭 모래밭에
운명이다
내린 뿌리

초여름 미열에 고운
폐병다리
꽃이여

휘영청 패물함 펴 논
밤바다를
엿보네

분꽃

누가 저 풋내기의
입술을 훔쳤을까

9월이 다가도록
분첩 닫지 못하는

자줏빛 첫사랑 앞에
립스틱이
슬픈
너

귤껍질을 벗기며

배꼽 아래 메스를 대고 꺼낸 신생아

주홍빛 살갗에 낀 백태가 엉겨있다

시큼한 배냇똥냄새 엄마에겐 향기다

정육점을 지나다

내 몸엔 안심이 없나
왜 이렇게 불안하냐

등심도 없나
왜 이렇게 기대고 싶냐

언니야,
참 미안하다
국물 없이
굴었던 거

개미

깨끗이 시 한 편을 먹어치운 커서

모니터에도 약육강식의 법칙은 있다

단단히 허리를 조이는 6포인트 병정들

외도

딱딱해! 정형화된 창녀의 체위처럼

배설뿐인 행위가 얼마나 이기적인가

날마다 공중화장실 변기통을 앓는다

강아지풀

그래도
수직으로 밀어 붙이는 걸 보면

휘어져 산다는 게
타협만은 아닌 것 같다

실허리
바람에 굽힌

강
 아
지
  풀
 강
아
 지
  풀

영하권

솜털 90% 깃털10% 그리움의 함량은 얼마까?

"풍덩" 물새 한 마리 제 그림자 껴안을 때

한순간 곤두박질이 체감되는 저 수위

장마

주륵 툭,
주륵 툭,
밑실 끊어지는 소리

빗줄기 가만가만 실눈에 꿰어

그리움 한 겹 덧대는
축축한 날
촉촉한 속

피복이 벗겨져나간 빗줄기가 닿으면

섬뜩,
감전될 것 같은 저 물창살

자발적 가택연금에도
바깥이
그립다

4부

모슬봉 길

이승에 다 내어준 무덤들의 빈 젖을 보네

잔술 한 잔에 만사오케이 돌챙이 고모부님도

죽어서 더 평등해진 공동묘지 가는 길

겨울, 모슬포
— 마늘밭

바람도 모슬포에선 별 하나를 더 단다
무시로 초록부대 이랑마다 찾아와선
이등병 육쪽마늘의 사열식을 받고 있다

내린 뿌리 깊더라, 씨 한 톨 눈물 한 톨도
초승달 걸어 놓고 줄담배만 태우던
개방의 일파만파에 손톱 밑은 노래져

요 며칠 잠잠하던 바람소리 불안하다
간간이 마늘밭에 귀를 대고 있노라니
저만치 파릇한 맥박 봄을 끌어당기고

풀 죽은 어깻죽지 파스자국이 맵구나
각이 진 농투성이 속이 푸른 밤이면
십 수 년 삶의 향기가 알싸하게 박히는

09, 1월 알드르

 강점기를 관통하고 4·3을 관통하고 하늘을 관통하고 새벽별이 아무는 시간
 종다리 경 읽는 소리 알드르르 알드르르

 글로벌 혹한기엔 무대책이 대책인가
 연작피해 씨감자 곰보딱지 감자밭에 처박힌 장화 한 짝의 이유 있는 물음과,

 모슬포 겨울바람 뒷박 깎듯 모질어도
 갈빗대 훤히 드러난 썰물진 이랑 위 꽃등심 하얀 서리가 서리서리 서리고

 수평선 끼고돌아 눈물자국 같은 길, 반벙어리 맺힌 세월 제 몸에 날을 긋던
 서릿발 희끗한 억새 우- 우- 말문이 열리는지

모슬포 1
― 비가

― 설운 대정님네

노역에 지친 억새무리 저 간곡한 손짓
종으로 횡으로 허우적허우적 격납고를 지날 때
뼈마디 하얀 저음에 되레 가슴 후비더라

신념인지 이념인지 죽어서도 못한 염
푸른 하늘 붉은 하늘 잿빛하늘 그 하늘
툭 하면 안색을 바꿔 무릎 꿇게 하더라

알드르의 바람은 늘 헛바퀴만 돌더라
화산 섬 끓는 속 시커멓게 게워낸 바람
그 바람 대정사람은 배설창지 다 알더라

신축 년 참수당한 이제수도 잊히더라
이리 뒹굴 저리 뒹굴 삼의사비 가시밭길
엉겅퀴 봉두난발에 거꾸로 피가 솟더라

거짓말을 안한다는 흙에다 마음을 심어
올 저 땡볕에 심은 데 또 심는 양배추모종
하늘도 모슬포에선 한 눈을 팔더라

모슬포 2
— 연가

— 곱게 저승 가져시냐

눈 밟혀 못 가신가 마음 밟혀 못 보내신가
난장도 그런 난장 살암시난 살아져
저 햇살 꽂힌 족족이 피는 꽃이 아파라

고 작은 날개로도 봄바람을 실어 와
송악산 어혈 삭이는 바람꽃 몸짓을 보라
지아비 떠난 그 자리 꽃재롱이 아파라

이승의 바람소릴랑 귓등으로 흘리십서
보리 밥 한 술에도 꽉 막히는 오목가슴
꽹꽹꽹 저승 길 닦는 꽹과리가 아파라

모슬포 들썩들썩 뒈싸진 저 바당을
오늘은 노을 달군 방어잡이 배 두 척이
물 주름 곱게 펴놓은 먼 길 앞이 아파라

모슬포 3
— 그 딜 누겐들 모르크니

흙냄새 비린 냄새 땀 냄새 버무려져
원만한 세파쯤이야 사람 사는 내음이러니
살 냄새 자리 젓 냄새 익는 밤이 짧더라

물 봉봉 가슴 봉봉 먹먹한 날 어찌 없으랴
물허벅 장단이면 어느 장단을 못 맞추랴
대정 땅 대정몽생이 반 치키고 반 하시하더라

역풍에 쓸려 와서도 북향으로만 돌아앉았더니
탱자나무 가시바람 유배 땅 그 바람도
추사의 붓 끝에 멈춰 세한도로 돋보이더라

후덕한 모슬봉이 치마폭 인심이더라
송악산 엎딘 내력 등만 밟고 가더라
"또 옵서" 하지 않아도 모슬포가 그립다더라

사월의 노래

가지 끝 걸어놓은 바람결에 귀를 대면

윙~ 윙~ 잠음 속에 슬픈 가락이 꺾여나가네

그렇게 제주의 사월은 몰래 듣는 것이었네

불꽃놀이

송악산 섯알오름
벌써 봄이 왔다는데
타성바지 까치 녀석도
세 늘려 잘산다는데
오십 년 신경쇠약에
비쩍 마른 소나무야

지금도 오부능선
낮달 그 봉인을 풀면
넛할머니 숨겨 산
청상과부 내력 말고도
화르르 진달래 꽃밭
혼불 붉은
사월이네

풀꽃은 풀꽃대로
고 작은 전구를 켜
백조일손 가는 길
색색이 밝힌다는데
이념에 뒤엉킨 사지
짜 맞추며 가는 저승

유채꽃 노란군무
리허설은 끝이 났다
불, 불, 맞불을 놓아라
불이라면 환장할
광목천 북 북 가르며
이 봄 환히
사르자구나

송악산 염소 똥

송악산 가시바람엔
한약냄새가 난다

산은 염소 똥을 먹고
염소는 산을 먹는다

굴러도 티 하나 안 붙을
저 성깔로 생겨서

쇠똥구리 집채만 한
고집으로 살아 온

험한 길 마다않고
절벽 타던 목마름이

바다 빛 결백함으로
송악산에 뿌린 풀씨

한나절 무용담으론
끝이 없을 늙은 염소

이 빠진 저 외뿔로
터전 닦던 내력들이

송악산 벼랑 끝에다
말뚝 박아 놓는다

모슬포 칠월칠석

비 오네
절뚝절뚝
짝 그른
팔다리 끌고

홀아비 바느질 같은 낮은 밭담 넘어 와

슬쩨기
문 두드리며
젖은 발로
오는 혼백

콩 볶듯
멜젓 담듯
섯알오름의 슬픈 직유

죽기살기 살다보면 몽글기도 하겠건만

아직 이 비린언어를
삭히지 못한 섬

모슬포 바람살이
기죽을 틈이나 줍디가

마디 곱은 어멍 손
별떡 달떡 빚어놓고

배롱이 초저녁부터
마당 한 뼘 밝힙디다

오십서
칠월칠석
까마귀 다 아는 제사

직녀표 수의 입고
견우씨 소등을 빌려

산발한
늙은 팽나무
기다리는
큰 질로

시린 꽃

벚꽃

노선 밖 삐져나온 꽃잎들을 보세요
끝추위에 다시 꺼낸 초경량 충전재 같은
하얗게 보풀인 꽃잎 시린 쪽을 감싸네요

흰 벚꽃 빈 상여를 나무들이 매고 가네요
섬 곳곳 동네 곳곳 피바람 닿던 곳곳
길 위에 *원미 한 그릇, 식은 꽃잎 한 그릇,

목련

급하게 던지고 간 백조일손 고무신 같은
후드득 새벽바람에 흩어진 목련꽃잎
사월의 길목에 앉아 꽃의 행방을 쫓네요

동백

들을 말 못 들을 말 잎사귀에서 잎사귀로
바람이 싸대기 칠 때마다 움켜쥐던 귀
동백꽃 단숨에 끓는 진정고정 그 꽃이 지네요

환생꽃

총상처럼 꽃 피네요 도려내듯 꽃 지네요
봄이 그렇게 오네요 아물다가도 덧나는
낡다만 섬의 환부에 단비가 내리네요

* 마지막 가는 길 망자에게 올리는 흰죽.

새순

칼바람에 지친
억새들의 몰골을 봐

가슴 뜯던 손
허우적허우적
하늘도 흔들더니

핏물 든
대궁 속에서
날을 꺼낸다.

싸
아
악

5부

별

무근성, 코흘리개 내가 살던 소행성

빵구 때워 삶을 굴리던 타이어수리소

아버진 하늘가서도 해머질을 하십니다

그리운 별

선반물 배고픈 다리 도깨비에 홀렸을까
그믐수금 나가신 아버지를 기다리네
만취한 발자국 같은 가랑잎만 구르네

어디쯤 오셨을까 깜박 잠이 든 사이
은하 철을 탈선한 나라빗동네 하꼬방집들
꿈나라 그리운 행성 무근성 가는 길

풋잠결 괘종소리 은땡은땡 맘 졸이다
회전의자 한 소절에 흩뿌려진 왕사탕
뽕 뽕 뽕 터진 창구멍 빛이 새는 어린 날

동한두기

구름다리 구름건너 외갓집 가는 길
본향당 늙은 퐁낭 지전 물색 헝클어
풀냄새 가시지 않는 내 발목을 잡았죠

설익은 개구리손녀 껍질 홀랑 벗고서
입술 파래지도록 멱 감던 한두기바다
외씨 눈 파르르 떨며 지켜보고 계셨죠

외할머니 심어 둔 기억들이 여무는 여름
해마다 철이 되면 외밭만 일구시다
실가지 마른 떡잎에 명줄처럼 가셨지요

정드르
― 푸른 기억

   거실 창 살짝 틀어 벽에 기대 누우면 총 총 총 되살아나는 십구공탄 친정하늘 정드르 생각만 해도 밑자리가 따뜻한데

   어머니 손끝에서 은비늘 튕겨 오르던 한겨울 도깨비시장 어영바다 생조기 정드르 생각만 해도 입안이 배지근한데

   땡땡땡 소래기동산 탄일종이 땡땡땡 동생 업고 기웃대던 성애언니네 예배당 정드르 생각만 해도 가슴 한 쪽 은은한데

   초가가 허물린 자리 시멘트가 자라고 새마을 팔육 팔팔 길 넓혀 하늘 넓혀 드르도 정도 사라져 어백마저 사라진

정드르
— 흑백시대

떴다떴다 비행기 그 시절로 가 볼까나 석회종이 접어 만든 코 묻은 비행기 띄워 정드르 정으로 살던 그 곳에나 가 볼까나

뿔뿔이 풋것들은 천형 같은 섬 떠나고 빼앗긴 사월에도 봄은 오는데* 활주로 포장된 주검 이륙 못한 넋이 보여

봉분 같은 초가집에 죽은 듯이 몸 낮춰 숨 붙어서 사는 목숨 살아도 사는 게 아닌 무자년 그 후폭풍에 기운 자손이 보여

청명일 비행장에 뽀뽀 뽑던 삘기 꽃 여물처럼 잘근대다 꽉 막힌 똥구멍 눈물 꽃 그렁그렁 핀 미운 내 일곱이 보여

* 이상화, 「빼앗긴 들에도 봄은 오는가에서 차용」

할망바당

만년일터 바다에는 퇴출이란 게 없네
고무 옷 입고 납덩이 차고 쉐눈에 오리발 신영
부르릉 밭은 숨소리 오토바이 물질가네

여차하면 나발 불듯 갯메꽃이 피었네
곶바당 바윗등 때리는 낮은 물결에
비단 필 풀어 놓고도 흔들리는 바다를 보네

약 한 첩 털어놓고 상군해녀 뒤따르네
보따리 싼 며느리를 이제나 저제나
바다는 얼른 파도에 한숨소리를 섞네

실에 꿴 오분자기 부실한 어미젖이었네
"바당이 날 죽이곡 바당이 날 살렸주기"
켜켜이 제주사투리 잘 삭힌 눈빛이 곱네

고정한 제주해녀들 불문율이 검푸르네
할망바당 애기바당 밥그릇에 그은 선
저 낮달 지장이 확실한 푸른 문서를 보네

목련꽃 피면

언제 요 실가지에 물오를까 했지요

젖이 돌지 않아 젖 한 번 물리지 못한

내 아들 배냇저고리 봄이 꺼내 흔드네요

땅꽃

눈물 맺힌 날에도 맑게 웃어 보이더라

허리가 아플 때면 허리가 어디 있냐는……

한없이 저 작은 키 앞에 무릎을 꿇고 싶다

반달

할망당 가는 날
짊어 진 구덕 속에

백지 흔 권 쏠 흔 사발 실 흔 타래 지폐 몇 장

어머니 눈썹이 하얀
동글납작 돌래떡

칠월에 물조심
구월에 구설수조심

쏠점을 받아들어
"고맙수다 고맙수다"

팔남매
열두 달 운세
부적 같은
저 낮달

어머니의 신호등

때 알아
갈 줄 알고

때 알아
멈출 줄 알고

때 알아
기다릴 줄 알길

살강살강
손 비며

한두기
늙은 폭낭에

걸어 놓던
지전물색*

* 신목에 걸렸던 삼색(빨강 초록 노랑) 명주 천.

비구성

세상 가장 빛나는
그림 한 점 꼽으라면

삶의 무게가 내려앉은
어머니
엉치뼈다

사랑의 불립문자로
자식농사
일구신

손바닥 선인장

나 하나
손을 펴면
집안이 다 편안한
그런 손이었으면
그런 날이 왔으면
가시 인
손바닥 모아
빌고 빌고
또
빈다

■ 자전적 시론

고단한 삶에서 나는 자리젓 냄새

　오름을 보면 제주의 바람을 읽을 수 있다. 모나지 않는 것들은 마모된 시간만큼 견딤이다. 한 치의 웃자람을 용서치 않는 제주의 바람, 때론 광풍을 몰고 와 이 섬의 똑똑한 사람들을 이데올로기로 몰아 몰살시켰다. 바람에 길들여진 것들은 바람에 대항할 줄도 안다. 민란으로 항쟁으로 버텨낸 삶은 아픔과 상처로 피폐해졌지만, 역사의 수난은 현실을 더 단단하게도 했다.

　봉긋하면서 푹 퍼져 앉은 제주의 오름들, 그 후덕함은 제주 할마님이다. 제주사람들은 할마님을 신으로 모셔 곽팍하고 고달픈 삶을 의지하며 살아 왔다. 아이가 아프거나 놀래어 보챌 때면 으레 애기 비는 신방(무당)을 모셔다 의식을 치르곤 했다. 그럴 때 모시는 대상은 할마님(할망)이다. 그 때 할마님 앞에 자손은 언제나 설운(서러운)자식이었다. '할마님 자손 설운 애기 넋 들여 줍서' 모든 문제를 자비와 지혜로 풀어 줄줄 아는 제주할망 같은 존재, 할마님이 그 설운 자식을 틀림없이 보호

해 줄 것이라 믿는 제주사람들은 오름을 보고만 있어도 넉넉해진다. 토속신앙에서 보듯 제주는 여성이 관장하는 여성주체의 섬이다. 이러한 정서는 제주만의 독특한 정서이고, 우리들의 어머니 이야기이기도 하다. 이러한 정서를 잘 녹여 문학으로 어떻게 재현할 것인가. 두고두고 다루어져야 할 소재다.

4·3 항쟁 때 산사람으로 토벌대상이 되어 죽임을 당해야 했던 중산간 사람들, 오름자락은 그들이 쉽게 벗어날 수 없었던 삶의 터전이자 비극의 현장이다. 품을 줄 안다는 것은 다시 말해 기댈 곳이다. 속으로 삭히며 묵묵히 살아내야 했던 삶에 역사는 총부리를 겨누고, 숨을 구멍 찾아 오름을 찾았던 중산간 사람들은 그 구멍에서 영영 빠져나오질 못했다.

뭍사람들은 제주사람의 글을 보며 4·3과 오름을 소재로 한 작품들이 흔하다고 할 것이다. 혹자는 빈번히 나타나는 소재의 가난함을 나무랄 수도 있다. 그러나 제주의 근대사를 보면 4·3은 그 중심이고 그 파장은 아직도 미해결 현재진행중이다. 상처와 아픔은 제주민의 트라우마로 남았다.

바다를 일구고 손바닥만 한 돌밭을 일구어온 제주사람, 그래서 종일 바다와 밭을 오가야 살아날 수 있었다. 환경에 대한 생존, 특히 제주여성의 고난은 그대로 문학적 대상이다. 내가 사는 모슬포만 보더라도 일제강점기와 4·3, 육이오동란의 공간이다. 질곡의 역사와 혹독한 자연환경 속에서 살아내야 했던 제주민의 삶은 이 또한 견뎌내야 했다. 안 자고, 안 먹고, 안 쓰고, 버터내며 '조냥정신'을 키웠고 오늘보다 내일이라는 아스라한 희망에 기대 살았다.

나 자신도 버터내야 했던 시절이 많았다. 그 때마다 어머니

가 살아온 길에서 답을 찾기도 했다.

    실핏줄
    세우는 일
    이 봄 역시
    힘겹다.

    돌소금만
    휘 뿌려도
    입이 달던
    그 손맛

    어머니
    사월 고개가
    아슴아슴
    그리워

—「냉이 꽃」 전문

그 중 송악산은 내 글의 산실이다. 그리고 정신이자 사명이다.

근 십 년 내 일터이고 글밭이 되었던 송악산은 역사의 아픔과 상처를 고스란히 갖고 있다.

작은 풀꽃 하나가 갖고 있는 많은 이야기들, 가만히 귀 기울이고 있으면 저들의 이야기를 들을 수 있는 귀가 생긴다. 그 귀는 특별히 시인에게만 생기는 것은 아니다. 지나가는 어린 아이에게도 귀를 준다. "아이 예뻐!" 풀꽃에게도 걸음을 붙잡고 싶은 사람이 있다. 저를 닮은 사람에게 가까이 가고 싶어 하고 위로를 받고 위로를 준다. 풀꽃에서 어머니의 숨비소리가 들리고, 가난한 삼촌의 눈빛이 있고, 제주여성의 강인함이 보인다. 바람에 흔들릴 때마다 납작 엎드리거나 흔들리게 놔두거나, 유연하게 처신하는 민초의 삶은 짓밟혀도 뿌리는 내린다. 그래서 힘없고 약한 것들의 정신은 항상 무장을 하고 있다.

찔레꽃은 가시로 무장하고, 인동꽃은 줄기를 뻗어 휘어 감고 쑥은 얽힌 뿌리로 소통을 하며 짓밟힌 시간들을 견뎌왔다. 그래서 그들이 피워낸 향기에는 짙은 슬픔이 배어 있다. 저들의 이야기는 소외된 자들의 이야기라서 들어주는 것만으로도 환해진다.

툭 툭 박아 넣은 것 같은 소나무의 무심함은 어디서 오는 걸까? 꿋꿋이 서기까지 숱한 비바람을 막아내며 뿌리를 내린 시간이다. 비탈의 삶이다. 무심함은 무딤이 아니라 달관 쪽에 가깝다. 산에서 산을 배움이다.

소나무처럼 송악산에 뿌리를 내리면서 자연은 자연스레 시의 소재가 되었다. 그래서 초창기 자연을 소재로 한 시가 많다. 자연 속에서 인간의 속성을 찾는 일이 시를 쓰게 되는 동력이 아닌가 싶다. 한 때 생활의 일부였던 송악산은 시의 전부가 되기도 했었다. 지금도 송악산은 나의 문학에 있어서 소명 같은 것이 존재한다.

    송악산 가시바람엔
    한약냄새가 난다

    산은 염소 똥을 먹고
    염소는 산을 먹는다

굴러도 티 하나 안 붙을
저 성깔로 생겨서

—「송악산 염소 똥」 부문

 두 번째 세 번째 시의 소재는 자연과 더불어 생활로 옮아갔다. 퇴직하고 자연스레 생긴 습관이다. 자연에서 익힌 창작법이라 할까. 그래서 자연은 최고의 선생님이라는 말이 나온 것 같다. 두 번째 시집 밀리언달러에서는 사라져 가는 것들을 더듬었고 세 번째 시집에서는 두 번째와 크게 달라진 건 없지만 아주 생활적인 것들과 모슬포를 좀 더 심층 있게 다가가려 했다.

 모슬포라는 공간은 역사적으로나 자연 환경적으로나 참 다양한 면을 가지고 있다. 태평양전쟁의 흔적인 격납고가 있는 알드르 비행장, 섯알오름 학살터, 육이오 동란의 제1훈련소등이 있고 최남단의 푸른 바다와 방어잡이, 자리 돔 또한 모슬포를 대표할 키워드다.

 매일 보는 바다도 매일 다르다. 묵처럼 판판한 바다일 때 내 안은 거친 파도가 일고, 바다가 으르렁 거리며 일어 날 때 내 안은 잔잔하다. 아마 감수성이라기보다 평탄하지 않았던 나만의 세상에 대한 대응일지도 모른다.

 옥돔잡이 뱃길에 칠성판을 지고 나섰던 아버지들, 태왁 하나에 의지하여 바다에 뛰어들었던 어머니들, 하루도 맘 놓을 수 없는 날들이었다. 혹독한 자연에 맞서왔던 고단한 삶, 해풍에 길들여진 삶에선 잘 익은 자리 젓 냄새가 났다.

 요리채널에 젓국으로 간을 하는 걸 본 적이 있다. 잘 삭힌 젓국은 조금만 넣어도 맛을 살려준다. 자리 젓 생각만 해도 입

안에 도는 군침. 잘 걸러내어 앙금을 갈아 앉히면 맑은 층이 생긴다. 그것으로 간을 낸 국물의 깊은 맛처럼, 삶이 잘 삭힌 정제된 언어는 살아온 만큼의 육화되어 얻어지는 것이리라.

   자신만의 독특한 언어로 그려내야 할 것들이 있다면 그 것은 모슬포다. 사실 그동안 세 권의 시집을 내면서 심층 있게 모슬포를 그려내지 못했다. 시집 와 삼십 년 넘게 살았으면 잘 삭힌 자리젖 같은 시 한 편 걸러낼 수 없을까? 시인의 사명으로 생각하며 해내야 하는 일이 아닌가.

현대시조 100인선 **077**

한라, 은하에 걸리어

초판 1쇄 인쇄일 · 2017년 10월 17일
초판 1쇄 발행일 · 2017년 10월 27일

지은이 | 이애자
펴낸이 | 노정자
펴낸곳 | 도서출판 고요아침
편　집 | 정숙희, 이광진, 김남규

출판 등록 2002년 8월 1일 제 1-3094호
03678 서울시 서대문구 증가로 29길 12-27 102호
전화 | 302-3194~5
팩스 | 302-3198
E-mail | goyoachim@hanmail.net
홈페이지 | www.goyoachim.com

ISBN 978-89-6039-307-3(04810)
ISBN 978-89-6039-816-0(세트)

*책 가격은 뒤표지에 표시되어 있습니다.
*지은이와 협의에 의해 인지는 생략합니다.
*잘못된 책은 교환해 드립니다.

ⓒ 이애자, 2017